说 谎

[英] 亚尼内·阿莫斯/著　[英] 格温·格林/绘　贾洪宝/译

克丽的故事

这是本学期的最后一天,同学们都在谈论着暑假要怎么过。
"我们要去法国旅游。"路易丝说。

"我要到我爷爷那儿去,"安迪说,"我爷爷有一个农场。"

"我爷爷的家是一座城堡,"克丽说着挤进了人群,"我们每年暑假都在那儿过,那儿有高大的塔楼,我的卧室刚好就在塔楼的顶层。"

大家都被克丽的话吸引住了,于是克丽接着说:"我们要在那儿度假,可能还要去迪士尼乐园玩。我将住在一个大饭店里,吃很多好吃的爆米花。"

"我刚买了一套新的比基尼泳装,度假的时候就可以穿了。"路易丝说。

"我新买了一件运动衫。"萨莉说。

"我买了好多新衣服。"克丽说。

"我敢打赌,你没有我这样的运动鞋。"文森特一边说一边晃着自己的脚。

"我有两双呢!"克丽赶紧插嘴,"但是,必须等到假期的时候才能穿。而且,我还有一件进城堡时才穿的球衣。"

克丽根本不知道什么是球衣——不过听起来好像真的很不错。

该回家了。

"暑假愉快,同学们!"老师说。

克丽一边想象着城堡和迪士尼乐园,一边快步走出学校。到学校门口的时候,她才想起忘了拿书包。"还得返回教室去取。"克丽想。

克丽推开教室的门,听见同学们还在谈论着,而且有人提到自己的名字。

"我不相信克丽会去迪士尼乐园。"文森特说。

"她总是瞎说。"路易丝说。

"她爷爷哪是住在什么城堡里呀,"萨莉说,"她爷爷就住在离这里不远的一幢平房里!"

"克丽是个说谎的家伙!"安迪说。

大家都笑了起来。

克丽的脸涨红了,她庆幸没有人看到自己。

克丽没有进教室取书包,她飞快地往家跑去。"说谎的家伙!说谎的家伙!"这声音一遍一遍地回响在她耳边。

一进门,克丽就哭了。

"怎么了,克丽?"爸爸问,"告诉我发生了什么事!"

"我没有朋友了,"克丽哭着说,"大家都在背后议论我,他们说我是个说谎的家伙。"

克丽把事情的经过告诉了爸爸。爸爸认真地听着。

"你为什么要说谎呢？"爸爸问她。

克丽没有回答。

"是为了让别人注意你，"爸爸问，"想成为大家关注的中心人物吗？"

克丽点点头。"我想是这样的。"她慢慢地说，"我也想说点儿有意思的事，于是就冒出了那些念头。"

"后来，你就管不住自己的嘴了。"爸爸笑着把她搂在了怀里。

"大家的生活不同,不需要攀比。"爸爸说,"你用不着编造那些令人惊讶的故事,人们喜欢的是真实的你。"

克丽抬头看着爸爸。"但是,假期过后,我该怎么对同学们说呢?"她问。

"假期过后,大家会忘掉这一切的。"爸爸说,"回到学校以后,你可以说说自己真实的假期生活。"

想一想

你也有过克丽那样的体会吗?你也曾经为了引人注意而说谎吗?如果说谎的次数越来越多,那么说谎就会成为一种习惯,你就会发现别人不再相信你了。

有些谎话可能不会伤害任何人,但重要的是,这种谎话会损害你的形象。

有人对你说过谎吗？被骗的感觉是不是很糟糕？你会感到被愚弄，感到恼火，还会产生疑惑。没有人会喜欢说谎的孩子，如果你产生了说谎的念头，那就先想想这个故事吧。

加文的故事

课间休息时,同学们都应该到操场上去活动,但加文和几个男孩仍留在教室里玩。

"嘘!"阿尔菲说,"加文,别让布莱克老师听见。如果他听到了,会把我们轰出去的!"

加文没有理睬阿尔菲。"瞧,我是一个海盗!"他大声叫嚷着,挥舞着手臂。

就在这个时候,加文碰倒了布莱克老师桌子上的一只水瓶,水溅得到处都是。

阿尔菲和另外几个孩子一看加文闯了祸,都吓跑了。加文看见溅出来的水把一摞练习本都弄湿了,便一个劲儿地用袖子擦。

"布莱克老师肯定会非常生气。"加文想。

教室的门突然开了,是布莱克老师!

"瞧我的讲台!"老师大声说,"这是怎么一回事?"

加文一时不知说什么才好,但很快打定了主意。

"是阿尔菲和伊桑干的。"加文说,"他俩打闹的时候把水瓶碰倒了。"

布莱克老师盯住加文看了好一会儿。

"那么,你一个人在这里干什么呢?"老师问,"你应该到操场上去活动。"

加文转过身来,他很快想到了一个理由。

"是因为我的腿。我的腿在踢球时碰伤了,我到教室里来坐一会儿,"加文说了谎,"我看见阿尔菲和伊桑在打闹。"

"等我把他们几个人找来再说。"布莱克老师说着,快步走出教室。

加文坐在空荡荡的教室里,他听见了水滴落在地板上的吧嗒声。加文想着阿尔菲和伊桑还不知道自己说谎的事,心里非常忐忑。

  上课铃响了,全班同学都回到了教室。阿尔菲和伊桑还有布莱克老师,跟在同学们后面也走进了教室。阿尔菲看上去很生气,伊桑看上去十分沮丧,他俩都盯着加文。

  "加文是个说谎的家伙!"阿尔菲大声地嚷着,"是他打翻了水瓶,根本就不是我们!"

  加文的脸涨得通红。

  "是真的吗,加文?"布莱克老师问。

  加文点了点头。

  "这么说你碰伤了腿也是假的了?"布莱克老师问。

  "是。"加文小声地回答。

整整一个下午，加文都是一个人静静地在那里做功课，他知道别人都在议论自己。当他经过别人身边的时候，听见他们小声地说："说谎的家伙！"

　　加文心烦意乱，什么也干不下去了，只盼着快儿点放学，好赶紧回家。

下课铃响了,放学了。加文走到布莱克老师的讲台旁。

"对不起。"加文小声地说,"很抱歉,是我把水瓶打翻的。我做错事了,还说了谎。"

"有时候会发生一些意想不到的事情,"老师说,"但无论如何我们都不能撒谎。"

布莱克老师注视着加文,加文低头看着自己的脚。

"我不喜欢被别人欺骗。"布莱克老师说,"今后我还能相信你吗?"

"能。"加文点点头,"说谎的滋味很不好受,我以后再也不这样做了。"他说。

想一想

　　加文刚开始说了一个谎，紧接着又说了一个谎，因为需要为第一个谎作掩饰。这样一来，讲真话反倒变得越来越难了。

　　加文说谎，是因为害怕别人发现自己做了错事。但正像布莱克老师说的那样，无意中做了错事是可以被原谅的，说谎却很难被人原谅，因为说谎是故意的。

露丝的故事

露丝在厨房里坐着。外面的天空灰蒙蒙的,整个上午都在下雨。露丝闻到了午饭的香味,可是她并不觉得饿。她用脚轻轻地踢着桌子腿,想引起妈妈的注意。

"别踢了,好吗?"妈妈说。

"星期六是我的生日。"露丝说。

"知道了。"妈妈回答。

"爸爸会回来给我过生日吗?"露丝问。

妈妈一边洗菜一边说:"你知道他是不可能回来的。他可能会给你寄一份生日礼物和一张生日贺卡。"

露丝不想要礼物与贺卡,她只盼着和爸爸在一起,但是爸爸已经离开了这个家。

第二天,露丝和朋友们一起到游泳馆去玩。

"星期六是你的生日。"乔伊说。

"去年,你的生日晚会真是棒极了,"杰斯说,"你爸爸变了那么多的魔术。"

露丝想起去年的生日晚会上,她爸爸戴着一顶小丑的帽子,把所有在场的人都逗乐了。

"他今年还给咱们变魔术吗?"杰斯问。

露丝想:"爸爸如今在很远的地方,那里是他的新家……"

"当然,"她慢慢地说,"他又学了几个新魔术——专为庆祝我的生日。他都练了好几个星期了。"露丝不由自主地说了谎。

"他还要讲好些新的笑话呢。"露丝接着说。

"先给我们讲一个吧!好吗,露丝?"乔伊说。

"不行,等到星期六再听吧。"露丝说。

露丝真想大哭一场。她一头扎进水里,双脚击起好高的水花。她害怕别人看见自己流泪。

几天来,露丝尽量不去想生日的事,可是人们一直在问她。

"都有谁参加呀?"杰斯想知道。

"你打算穿什么样的衣服?"乔伊问。

"星期六那天,你想不想要一份外卖的比萨饼啊?"妈妈征求露丝的意见。

"我不在乎。"露丝尖声回答。

露丝希望星期六永远别到来,她担心极了。

星期六那天,露丝很晚才起床。
"来吧,过生日的小姑娘!"妈妈说。
"我有点儿不舒服,"露丝说,"不能开生日晚会了。你能打电话告诉大家吗?"
妈妈挨着露丝坐在床边。
"是因为爸爸不在的缘故吗?"妈妈小声问她。
"有点儿。"露丝点了点头,她把自己对杰斯和乔伊说过的话都告诉了妈妈。"如果她们来参加晚会,就会发现我骗了她们。"露丝十分难过地说。

"露丝,你对她们说的是自己的愿望,对吗?"妈妈紧紧地把她搂在怀里。

"你要习惯爸爸不在这里的生活,"妈妈说,"我也一样。就是说,我们要接受生活的变化。"

"可是我不愿意发生这种变化。"露丝说。

"我知道这很难,"妈妈接着说,"可是我们必须面对现实,说谎解决不了问题。"

"是的,说谎只能把事情搞得更糟。"露丝同意妈妈的说法。

露丝慢慢地下了床。

"我该怎么跟她们说呢?"她问妈妈。

"把真相说出来。告诉她们你爸爸已经离开咱们了,你只是盼着他能够回来,可是他回不来了。"妈妈回答。

露丝披上外衣。"今年的生日晚会有点儿不同。"她说。

"不过它仍然会很精彩。"妈妈说。

"有外卖的比萨饼吗?"露丝抬头望着妈妈。

"你猜猜看!"妈妈笑着对她说。

露丝说了谎,因为她不喜欢实际发生的事情,她告诉朋友们的是自己的愿望。可是,这样做只会使她更加担心和害怕。

遇到一些令你感到痛苦的事时,你也许需要帮助——找信任的人谈谈。"倾诉"帮了露丝的忙,也一定能帮上你的忙。

你有没有像克丽、加文和露丝那样说过谎?你曾因为事情的真相会伤害自己而编造一些谎话吗?把谎话编得跟真的一样,也许会让你暂时感到舒服、轻松一些,但是说谎和隐瞒实情帮不了你的忙,事实终归是事实。

图书在版编目（CIP）数据

说谎 /（英）阿莫斯著；贾洪宝译. — 北京：知识产权出版社，2016.1

（我能管好自己）书名原文：Liar

ISBN 978-7-5130-3321-3

I. ①说… II. ①阿… ②贾… III. ①品德教育 — 儿童教育 — 家庭教育 IV. ① G78

中国版本图书馆 CIP 数据核字 (2015) 第 013370 号

First published in the United Kingdom by Cherrytree Books, 2001
Copyright©Evans Brothers Ltd.
This edition published under licence from Pila Books Limited.
This edition is only available for sale in Mainland China.

责任编辑：李 潇　　　　　　　　　责任校对：谷 洋
装帧设计：于 静　　　　　　　　　责任出版：刘译文

我能管好自己 ③

说 谎

[英] 亚尼内·阿莫斯 著　　[英] 格温·格林 绘

贾洪宝 译

出版发行：知识产权出版社有限责任公司	网　址：http://www.ipph.cn
社　址：北京市海淀区马甸南村 1 号	邮　编：100088
责编电话：010-82000860 转 8133	责编邮箱：elixiao@sina.com
发行电话：010-82000860 转 8101/8102	发行传真：010-82000893/82005070/82000270
印　刷：北京中科印刷有限公司	经　销：各大网上书店、新华书店及相关专业书店
开　本：787mm×1092mm　1/16	字　数：40 千字
版　次：2016 年 1 月第 1 版	印　张：2
ISBN 978-7-5130-3321-3	印　次：2016 年 1 月第 1 次印刷
京权图字：01-2015-0589	定　价：9.00 元

出版权专有 侵权必究

如有印装质量问题，本社负责调换。